山と植物の刺繍

真田 緑

Prologue

「一歩ずつ、一針ずつ」

山へ登り自然を楽しむこと。
山で過ごす時間や、見て感じて経験したことは、
私のクリエーションの源となっています。

手を動かして何かを生み出すこと。
頭の中のイメージがどんどん形になっていくことが
楽しくて嬉しくて、私は「作ること」が大好きです。
絵を描くことや、刺繍をすることは、
私にとっての表現のひとつだと考えています。

この本でご紹介する図案は、
私が制作のテーマにしている「自然からの収穫で毎日に
彩りを」というコンセプトから生まれたものです。
愛してやまない山と山にまつわるモチーフや
日常の自然との触れ合いから得たインスピレーションをもとに、
毎日の暮らしの中で自然を感じることのできるような
刺繍図案を描き下ろしました。

自然の風景や自然に触れることは、私の心に癒しを、
じっくりと手を動かすことは、温かな気持ちをもたらしてくれます。
どちらも私にとっては等しく大切な、大好きな過ごし方です。
「一歩一歩進んでいけば山頂に辿りつく」と
山を登りながら思うことが、
「一針一針刺し進めていけば柄が完成する」と
刺繍をしながら思うことと似ているからかな、とも思います。

刺繍の風景を通して、身近な、あるいは遠くの、美しい自然に
想いを馳せるような温かな時間をお届けできましたら嬉しいです。

真田 緑

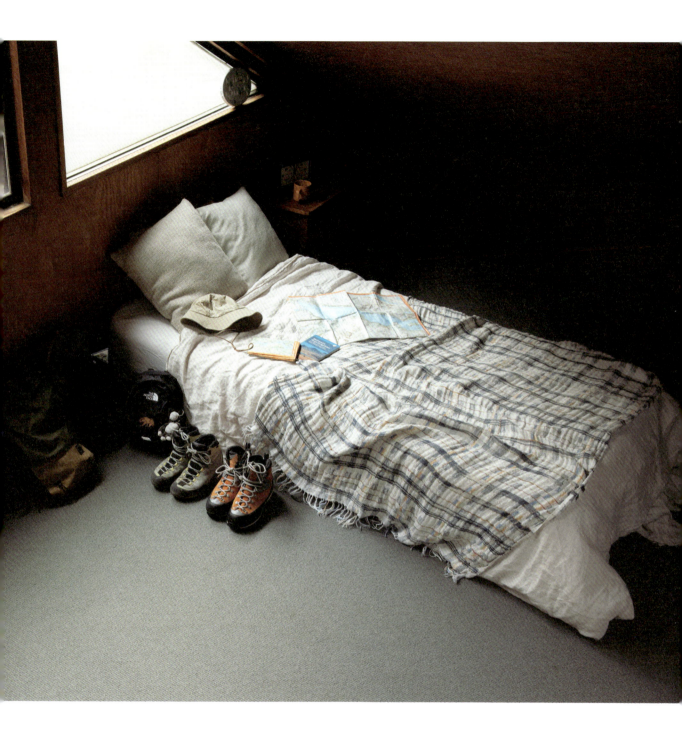

contents

2 prologue 一歩ずつ、一針ずつ

6 菜の花畑
8 ラップランドの森
10 高山植物
12 森の家
14 ガーデンブーケ / がまぐちポーチ
16 ウスユキソウ
18 雷鳥とハイマツ
20 山にまつわるブローチ
22 ハーブのリース / ミニバッグ
24 お花のパッチワーク / ペンケース
26 鳥と秋の実
28 初夏を集めて
32 山の稜線と花畑 / パネル
34 リトルフラワー / パネル
35 山の中の動物たち
36 雪山
37 雪の降る森
38 ホリデーリース / パネル
40 夏の庭 / パネル
42 リスと鳥のおでかけ / ブックカバー
44 山にまつわるワンポイント

30 フィーカの時間―刺繍と私

46 刺繍の基本と図案
47 材料と道具
48 基本の作業
50 ステッチの刺し方
52 図案と小物の作り方

この本に関するご質問は、お電話またはWebで
書名／山と植物の刺繍
本のコード／NV70793
担当／代田
Tel：03-3383-0765（平日13:00〜17：00受付）
Webサイト「手づくりタウン」
https://www.tezukuritown.com
＊サイト内「お問い合わせ」からお入りください（終日受付）。

＊本書に掲載の作品を複製して販売（店頭・Web・イベント・バザー・個人間取引など）、有料のレッスンでの使用を含め、
　金銭の授受が発生する一切の行為を禁止しています。個人で手づくりを楽しむためにのみご利用ください。

Canola flower fields
菜の花畑

大地を彩る一面の菜の花畑は
デンマークでの忘れられない光景。
春の訪れを知らせる眩しい黄色は
明るく幸せな気持ちにしてくれます

デンマークに留学していた頃に住んでいたスキーベから、コペンハーゲンの友人に会うための5時間の電車の旅。そこで目にしたのはどこまでも続く菜の花畑でした。実際は1分程かもしれませんが、体感はもっとずっと長かったように感じました。途切れることなく続く黄色の海原を、窓越しに撮った1枚が左ページ・右下の写真です。そして、その忘れられない光景を刺繍のデザインへと落とし込みました。花と蝶は好きな数だけ。一輪だけをワンポイントで刺すのもおすすめです。

PATTERN p.53

Lapland forest
ラップランドの森

どこまでも続く森、点在する湖。
ラップランドの大自然に抱かれた
かけがえのない思い出を
刺繍図案に残しました

デンマークでの留学が終わり、ハイキングをするためスウェーデンのラップランド地方へ向かいました。ラップランドとは北欧の国々の北極圏エリアの総称であり、「クングスレーデン」という全長440kmの北欧を代表するロングトレイル*があります。緩やかな山々の間に点在する湖と広がる草原……そんな壮大な自然の中、テント泊をしながらハイキングした日々はかけがえのない思い出です。p.46は色を変えて冬景色のパネルに。

8

PATTERN p.54

*トレイル=森林や里山などにある"歩くための道"のこと。距離の長い自然歩道をロングトレイルと呼びます。

Alpine plants

高山植物

アルプスの山々で出会う
たくましくも可憐な花々たちの
刺繍タペストリー。
自然をいつでも眺め
身近に感じていられます

その時期、その場所にしか咲かない花を探して歩くことは、私の山歩きの楽しみのひとつです。アルプスの山々で見ることができる高山植物をスケッチし、刺繍の図案に落とし込みました。高山の過酷な環境の中で生きる力強さに励まされると同時に、白や黄、ピンクなどの明るく美しい色が目に飛び込んでくると幸せな気持ちになります。この自然を家でも眺めていられるように、刺繍枠をはめて壁に飾るために考えた配置にしています。

←左上の黄色の花から時計回りに／ミヤマキンポウゲ、イワツメクサ、ヒメシャジン、コバイケイソウ、ダイモンジソウ、カタクリ、オオバキスミレ、ミヤマトウキ、ハクサンイチゲ

PATTERN p.56

Cottage in the woods
森の家

山小屋はリラックスして自分らしく過ごせる空間。「ただいま」と帰りたくなる心地よさの象徴です

森の中にひっそりと佇む山小屋は、少し休憩をしたり、夜を過ごしたり、その森を通る人たちを温かく迎えてくれる場所です。鳥のさえずりとともに目が覚め、窓から見えるのは風にそよぐ木々。日常から離れ、ゆっくりと滞在していたくなるような山小屋をイメージしてデザインしました。北欧の森の大部分は針葉樹であり、葉の生えている感じはチェーンステッチがぴったり。向きを揃えてくるくるとお行儀よく、外側から内側に刺し埋めて。

PATTERN p.58

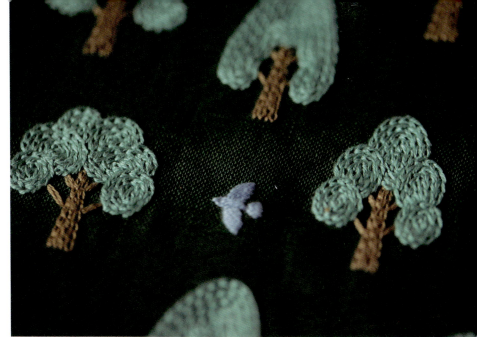

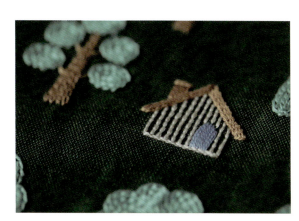

13

がまぐちポーチ

HOW TO MAKE p.63

Bouquet from the garden

ガーデンブーケ

道行く人を楽しませてくれる
軒先に咲き誇る春の花を
イメージしたブーケ。
心を豊かにする
花のある暮らしを刺繍に込めて

デンマークで留学生活を送っていた頃、道端に咲く山野草を摘んで部屋に飾ることが日課でした。また、手入れが行き届いていたご近所の庭にはいつも四季折々の花が咲いていて、それを眺めることも好きでした。そんな心を豊かにしてくれる花々を、毎日持ち歩くポーチにしのばせました。大きめのものもガサっと入れられる使い勝手のよいサイズです。私は充電器などのガジェット入れとして愛用中。メイクポーチとしても活躍してくれます。

15

PATTERN p.59

Edelweiss
ウスユキソウ

静かで儚いイメージの
ウスユキソウ。
梅雨明けの7月頃
登山者をやさしく迎えてくれる
私の一番好きな高山植物

花のまわりや葉に白い綿毛が生える様子が"薄雪"をかぶったように見えることからその名がついた花、ウスユキソウ。ドイツ語では高貴を意味する「エーデル」と、白を意味する「ワイス」が合わさり「エーデルワイス」と呼ばれています。花びらのような葉をもつかわいすぎないフォルムは、柄にしたら素敵になるだろうと思いデザインしました。一面に刺すのはもちろんですが、一輪だけをワンポイントで刺繍してもよいと思います。

PATTERN p.64

ぷっくりした体のフォルムと太い脚のバランスが愛おしい雷鳥は、山好きの間ではアイドル的な存在です。山で雷鳥に出会えたらラッキーと言われていて、すれ違う方々から「雷鳥いたよ！」と教えてもらうことも。羽毛の色が季節によって変わるのも特徴で、夏は山の岩肌と同じような灰色〜茶色、冬は雪と同じ白色になります。6月の抱卵期が終わり、子育てをしている夏毛の雷鳥の親子がハイマツの中で過ごす様子を図案にしています。

Ptarmigans with Dwarf Siberian pine

雷鳥とハイマツ

太い脚が愛らしい
特別天然記念物でもある
山のアイドル的な存在。
雷鳥を探しながら歩くことは
山登りの楽しみのひとつ

PATTERN p.65

19

Broach from mountain
山にまつわるブローチ

日常使いのリュックや
ストール、帽子につけて。
いつでも、どこでも
山と一緒のしあわせ気分を
味わうことができます

私が持っているリュックはサイズも用途も様々。いつの間にかたくさんのリュックが手元にありますが、どれも思い入れのあるものです。そんなリュックたちにつけたい図案を考え、ブローチに仕立てました。山小屋の風景、山ペナントなど、どれも山にちなんだモチーフです。つけはずしができるようにブローチにしていますが、ピンをつけずにワッペンとして縫いつけても、ワンポイントとして刺繡しても。自由にアレンジを楽しんでください。

PATTERN p.66
HOW TO MAKE p.67

Herbs wreath

ハーブのリース

春になるのが待ち切れず
刺繍でちくちく。
庭で育て、作ってみたい
ハーブのリースを
布に描いて楽しみます

ミニバッグ

HOW TO MAKE p.69

ハーブの香りがとても好きで、庭で育てたり、切り花にして飾ったりしています。ミント、カモミール、ラベンダー、タイム、セージ……春になったらたくさんのハーブを庭で育て、作ってみたいなと思っているリースを図案にしました。バッグは壁などにかけて収納しているときもインテリアになるようなイメージで。すっと細い持ち手のデザインは、着物にも合うと思います。

23

PATTERN p.68

PATTERN p.60

Flower patchwork
お花のパッチワーク

押し花を並べて貼り合わせたようなイメージでデザインした図案です。何回も繰り返して横長の大きな柄にしたり、ひとつだけを刺繡したりと楽しめます。そして、ペンケースの形にするために考えた図案でもあります。このペンケースは日常使いしやすいサイズで、私はかぎ針などの手芸道具入れとしても愛用しています。浅いので出し入れしやすいところもポイント。メガネケースにもおすすめです。

幾何学的な要素を入れた甘くなりすぎない花模様。横にいくつもつなげたりワンポイントで刺したりとアレンジを楽しんで

ペンケース

HOW TO MAKE p.61

Birds and autumn fruit
鳥と秋の実

秋の落とし物を
息子と拾い集める豊かな時間。
身近にある自然からの
インスピレーションを
デザインにしています

子供が生まれ、近くの公園や森へ散歩に行く機会が増えました。秋になるとたくさんの気になるものが落ちていて、息子と一緒に木の実や落ち葉を拾って楽しみます。木々の上から鳥の鳴き声が聞こえると「鳥さんにもぐもぐさせたい」と、どんぐりを小さな手いっぱいにのせて「はい、どうぞ」と手を差し出したり……そんな身近な自然と過ごす時間から生まれたデザインです。

PATTERN p.70

collecting early summer
初夏を集めて

山を歩きながら
ふと足元を見下ろしたときに広がる
葉や草のグリーンの世界は
いろいろな形があったり
美しい模様があったりと魅力がいっぱい

山の季節の中で、初夏が一番好きです。雪が溶けて新芽が萌え出る頃。キラキラとした緑色たちがあちらこちらに顔を出します。新緑の葉が風でそよぎ、足元の草たちもふわふわとまだ柔らかく、すべてが新しく眩しい季節です。いろいろな形、美しい模様。魅力がいっぱいの初夏の葉や草をイメージして図案をデザインしました。アウトラインステッチがメインのスッキリした仕上がりにしているので、慣れていない人でも刺しやすいと思います。

PATTERN p.71

「フィーカの時間―刺繍と私」

私が刺繍を好きになったきっかけは、
デンマークに留学していたとき。
「お茶をしながら自由に刺繍をしましょう」という
休日の集いがあり、
そこに参加したことで、手仕事をしながら
のんびりゆったり時間を共有する心地よさを知りました。
「今日はここまで」と好きなところで止めて、
また始めればいいという気楽さも気に入りました。
刺繍によって、布から柄が浮き上がるとき、フワッと心がときめきます。
何もなかった白い紙に絵を描くことや、
その絵が糸という素材で新しい見え方になることは、描いたものに
あたらしい可能性を与えることができたような、喜びがあります。
刺繍は私にとって、手の温もりを感じることのできる表現のひとつです。
仕上がった表情もそうですが、そこから感じられる
刺繍という行為に流れた時間が温かいと感じます。
それは糸を重ねるたびに、
デンマークのあの食堂の隅に
みんなで座って、他愛もない話をしながら手を動かした時間と、
コーヒーの香りを思い出すからかもしれません。

Mountain and flowers
山の稜線と花畑

7月の白馬岳に登って見た
自然豊かな景色。
草花が芽生える瑞々しい
エネルギーを閉じ込めた
元気がもらえるパネル

花が咲き乱れ、木々が芽吹く初夏の山の稜線をイメージしてデザインした図案です。モチーフは北アルプスの白馬岳。足元の花畑にはクガイソウ、タカネマンテマ、チングルマ、チシマギキョウ、ミヤマシシウド、ハクサンフウロ、アキノキリンソウが咲いています。山の表情は1色では表しきれなくて、絵の具を混ぜるように、刺繍糸も色をミックスさせて刺しました。これから歩く稜線を眺めて「美しいな」とわくわくする時間が大好きです。

PATTERN p.72
パネル／HOW TO MAKE p.75

Little flowers

リトルフラワー

春の訪れを告げる
野に咲くカラフルな小花。
森の中にぽっかり
ひらけた広い野原を
刺繍枠のトリミングで表現

PATTERN p.74
パネル/HOW TO MAKE p.75

Wild animals
山の中の動物たち

山を歩いていると、姿は見えなくてもそこで暮らす生き物たちの気配を感じます。足元の小さな草花も虫たちも、山という大きな自然がすべての生き物を包み込んでいて、私もその一部なのだなと思うと、なんだかホッとします。「リトルフラワー」は、ひとつひとつはとっても小さなモチーフです。ワンポイントで刺繍するのもよいと思います。

出会えたらうれしい山に暮らす動物たち。ぷっくりかわいく仕上げたい場所にはサテンステッチ、と似合うステッチを選んで

PATTERN p.76

PATTERN p.78

Snowy forest

雪の降る森

森の中を
雪がしんしんと降る景色を
白一色で表現。
刺し埋めるステッチがないので
手軽に楽しめる図案です

Snowy mountains

雪山

雪が降り積もった
山々の連なりをボーダー柄に。
鉛筆でスケッチするように
少しずつずらしながら
ざくざくと刺して

私の暮らす町からは、北アルプスの山々の連なりが見えます。雪の積もった真っ白の山脈が空に浮かぶような様子は本当に美しいです。ある雪の日に森の中を歩いていたとき、袖にはらはらと舞った雪が美しい結晶の形で感動しました。目を凝らしてみると、すべて違う形なのが愛おしく、「雪の降る森」はその時の感動をデザインしたものです。「雪山」は線で描くように、ストレートステッチを少しずつずらしながらラフな感じで仕上げて。ボーダー柄ですが、1本だけを刺繍しても素敵だと思います。どちらの図案も白1色と、糸数が少なくて済むのもうれしいですよね。

PATTERN p.79

ホリデーリース
Holiday wreath

北欧でのフィーカの習慣から生まれたデザイン。リースの中には楽しい出来事を散りばめて

北欧の人たちが大切にしている「フィーカ」という、みんなで集まって、飲み物とお菓子を囲みながらゆったりと過ごす時間があります。時には、わいわいとお菓子を手作りしたことも。そんなホリデーシーズンの心温まる記憶を思い出しながらデザインしました。この経験が素敵だったので、帰国してからも山へ行くときにはクッキーなどのお菓子を持参し、山小屋についてからコーヒーを淹れてゆっくり過ごすのが好きになりました。

PATTERN p.80
パネル/HOW TO MAKE p.75

Summer garden
夏の庭

生命力の強い夏の植物を
どことなくトロピカルな
色合わせで表現。
パネルに仕立てて
さわやかなインテリアに

キラキラと眩しい日差しを受け、みずみずしく育つ植物たち。夏の植物は生命力が強くて個性的。エネルギーが溢れているな、と感じます。この図案はレモンやブルーベリーなどが実る夏の庭をイメージしてデザインしています。サテンステッチの葉をチェーンステッチで縁取るなど、南国っぽい個性の強さをステッチ選び、色選びで表現しました。パネルに仕立てて部屋に飾れば、パッと明るくさわやかな風が吹き込んできそうですね。

PATTERN p.82
パネル /HOW TO MAKE p.75

42

HOW TO MAKE p.85

ブックカバー

Walking with squirrels and birds
リスと鳥のおでかけ

リスと鳥が秋を探しに
おでかけしているような
"テープ"みたいな柄を
秋の夜長のお供にもなる
ブックカバーに

秋の夜長は、本を読んだり刺繍などの手仕事をしたりするのにぴったりな時間だと思います。ブックカバーは普段から使っている馴染みのあるアイテムであり、ブックカバーに似合う秋の柄を作りたいと思いデザインしました。フラップでサイズ調節できるタイプのカバーですが、厚めの本を読むことが多い場合は刺繍位置を調整してもらうとよいかもしれません。図案を横にいくつもつなげて、チロリアンテープのように長い柄に展開しても素敵です。

Small logo from mountain
山にまつわる ワンポイント

いつでも自然を感じていられるように
ワンポイントの刺繍を添えて。
とっておきのお気に入り図案を
自分のマークとして
身の回りのものに刺しても

山や自然にまつわる、私の好きなものをワンポイント刺繍図案として作りました。お洋服はもちろん、帽子やハンカチなど、身の回りの小物に刺繍で自分印のアクセントを添えていただけるとうれしいです。息子の普段使いの服やハンカチなどにもこのワンポイントを刺繍しているので、いつでも心を豊かに癒してくれる山や自然を感じてもらえているといいな、と思っています。

PATTERN p.86

刺繡の基本と図案

道具のことや糸の扱い方、
ステッチの刺し方など、
知っておきたい刺繡の基本をまとめました。

＊パネルは p.8「ラップランドの森」をアレンジ

材料と道具

- A　布 / 伸縮しない、平織りのリネン地やコットン地が刺しやすくておすすめです。
- B　手芸用複写紙* / 図案を布に写すときに使います。片面にインクがついている、水で消えるタイプを使用。
- C　裁ちばさみ* / 布を切るときに。切れ味のよい布専用のものを選びましょう。
- D　トレーサー* / 図案を布に写すときに。インクの出なくなったボールペンでも代用できます。
- E　シャープペンシル / 図案をトレーシングペーパーに写すときに使います。
- F　チャコペン* / 布に直接、図案線を書くときに。細書きの、水で消えるタイプを使用。
- G　トレーシングペーパー / 図案を写しとるのに使う薄紙。
- H　セロファン / 図案を写すときに、トレーシングペーパーが破けないように上に重ねて使います。
- I　25番刺繍糸 / 細い6本の糸が撚り合わさっている、綿100%の糸。必要な本数を1本ずつ引き揃えて使います。この本ではすべて、DMC25番刺繍糸を使用。
- J　糸切りばさみ* / 刃先が細くて薄い、よく切れるものを。
- K　まち針* / 図案を写したトレーシングペーパーを布にとめるのに使用。
- L　刺繍枠* / 布をぴんと張って刺しやすくするための枠。直径10cmのものが持ちやすくておすすめ。
- M　刺繍針* / 針穴が大きく、先端がとがっているのが特徴。糸の本数によって針の太さ(No.)を使い分けます。この本ではクロバーのフランス刺繍針を使用。

25番刺繍糸 / フランス刺繍針
1本どり　/　No.8〜10
2本どり　/　No.7 or 8
3本どり　/　No.6 or 7
4本どり　/　No.5 or 6

*=クロバー株式会社の商品

基本の作業

図案の写し方

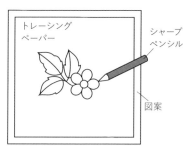
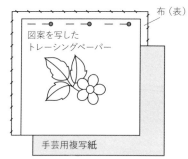
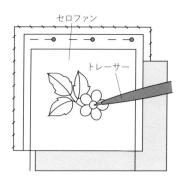

1 図案の上にトレーシングペーパー（以下、トレペ）をのせ、シャープペンシルで図案を写す。

2 布の上に1のトレペをのせてまち針でとめる。トレペの下に、インク面を下にして手芸用複写紙を入れる。

3 トレペの上にセロファンをのせ、トレーサーで図案をなぞる。
＊布に写した図案線に薄い部分がある場合はチャコペンでなぞる。

25番刺繍糸の扱い方

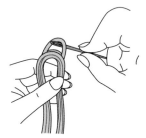

1 ラベルをつけたまま、必要な長さ（50〜60cm）を引き出してカットする。

2 カットした糸を半分に折り、針の頭で細い糸を1本ずつ引き抜く。

3 必要な本数（3本どりの場合は3本）の糸端を揃えてまとめる

> **色をミックスする方法**
> 図案ページの指定が「563(2)+937(1)」の場合、563を2本、937を1本引き出し、合わせて3本どりにします。

刺繍糸の通し方

1 糸端を針の頭に引っかけて二つ折りにし、針穴部分の糸を指先でつまんで平らにつぶす。

2 指で糸をはさんだまま、平らになった糸の折り山を針穴に通す。

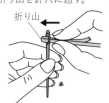

3 片方の糸端を引き出す。

刺繍枠の使い方

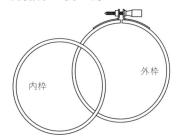
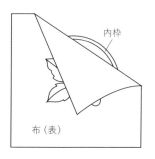
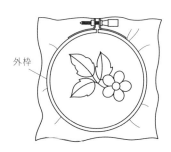

1 ネジを少しゆるめ、外枠から内枠をはずす。

2 内枠の中央に図案がくるように、図案を写した布をのせる。外枠をかぶせてネジを軽くしめる。

3 布目のゆがみがないように布を引いてぴんと張り、ネジをしっかりしめる。

刺し始めと刺し終わりの糸始末

〈線刺し〉

刺し始め
布の裏側に糸端を10cm残し、刺繍の始まり位置から針を出して刺繍をする。

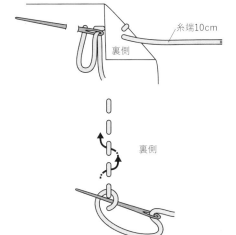

刺し終わり

1 刺繍が終わったら、裏側に渡っている糸に針を通す。

2 1で通した糸に再び針を通し、矢印のように4、5目に針をくぐらせる。

3 余分な糸をカットする。
＊刺し始めで残した糸端も同様に始末する。

〈面刺し〉

刺し始め

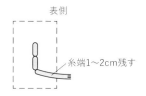

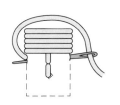

1 図案の内側に針を入れ、小さなバックステッチを2目ほど刺す。

2 図案線上から針を出す。1で残した糸端は根本でカットする。

3 1のステッチが隠れるように刺繍をしていく。

刺し終わり

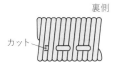

1 刺し終わりの横から針を入れ、裏側に渡っている糸をすくう。

2 糸2、3本分戻って1と同様にすくう。もう一度くり返す。

3 余分な糸をカットする。

仕上げ方

1 霧吹きで水を吹きかけて図案線を消す。残った線があれば、水を浸した綿棒で軽くたたくようにして消す。

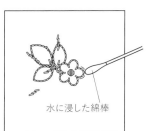

2 アイロン台の上にタオル、きれいな白い布、刺繍面を下にして布を置き、霧吹きで全体に水を吹きかけてアイロンをかける。

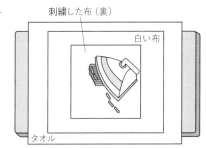

ステッチの刺し方

ストレートステッチ

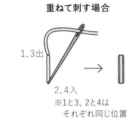

バックステッチ

アウトラインステッチ

ランニングステッチ

コーチングステッチ

フライステッチ

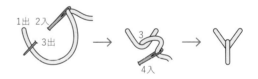

レイジーデイジーステッチ

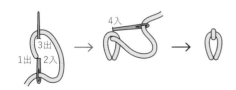

レイジーデイジーステッチ＋ストレートステッチ

レイジーデイジーs
の中にストレートs

レイジーデイジーs
の上にストレートs

チェーンステッチ

輪に刺す場合のつなぎ方

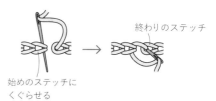

フレンチノットステッチ

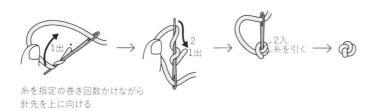

刺し埋めるステッチ
（アウトラインs、チェーンs、フレンチノットs）

外側から内側に向かって渦巻き状または1周ずつ、ステッチの方向を揃えて刺していく

サテンステッチ

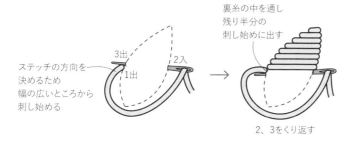

芯入りサテンステッチ

サテンsやチェーンsで芯を刺した上にサテンsを刺す

ロングアンドショートステッチ

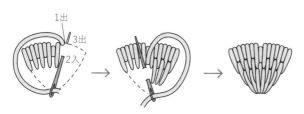

バリオンステッチ

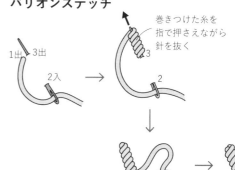

図案と小物の作り方

はじめに
布の水通し&地直し

布に図案を写す前に、霧吹きでたっぷりの水を吹き、
アイロンで折り筋やしわを取り除いて布目を整えます。洗濯をする小物に仕立てる場合は、
布が縮んで刺繍がゆがむのを防ぐために水通しをするひと手間も大切です。

1　布のよこ糸を1本引き抜き、抜いたあとの筋に沿ってカットする。
2　布を適当な大きさにたたみ、たっぷりの水に1時間ほどつける。
3　洗濯機で軽く脱水をし、布をぴんと張って陰干しをする。
4　半乾きの状態で、布目が直角になるように整えながらドライアイロンをかける。

図案の見方

刺繍糸はすべて「DMC25番刺繍糸」を使用しています

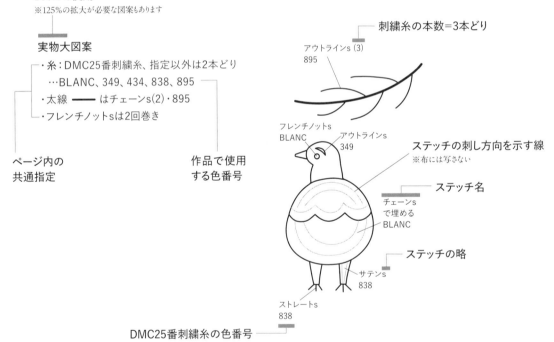

小物の作り方

・刺繍する布は、ほつれ防止などのために、材料欄に表記している寸法よりも大きめに用意をしてください。
　刺繍をしてから指定の寸法にカットします。
・布の用尺やでき上がり寸法は横×縦の順で表記しています。
・イラストまわりの数字の単位はcm、（　）内は縫い代の寸法です。
・イラスト内の ↕ は布の縦地の方向です。

Canola flower fields
菜の花畑 > p.6

実物大図案

- 糸：DMC25番刺繍糸、すべて2本どり…973、3814、3865
- フレンチノットsは2回巻き
- 布：カラーリネン（120 ココアブラウン）

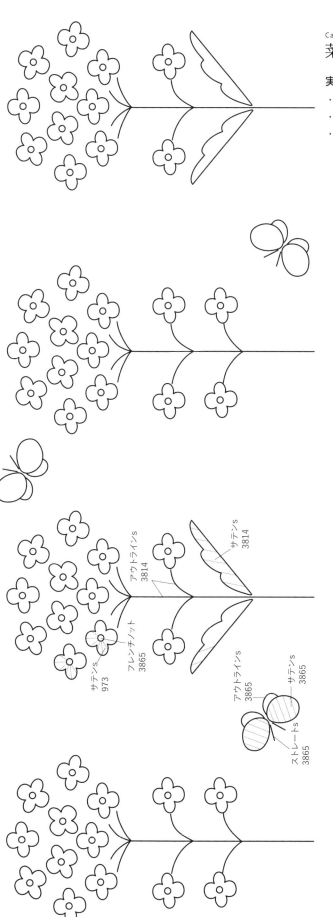
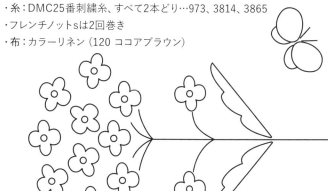
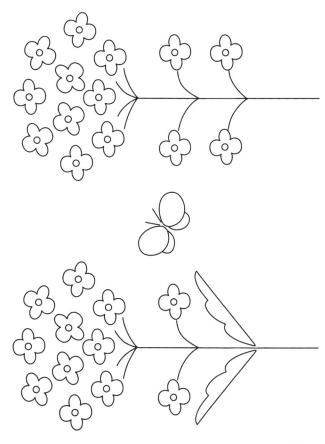

Lapland forest
ラップランドの森 > p.8

実物大図案
- 糸：DMC25番刺繍糸、指定以外は2本どり
  …02、18、319、564、3828、3865
- フレンチノットsは2回巻き
- 布：カラーリネン（107 ローモンド・ブルー）

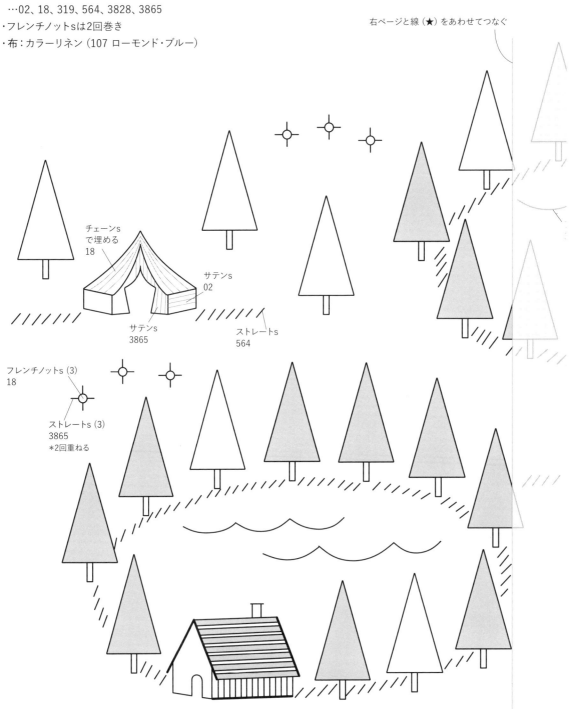

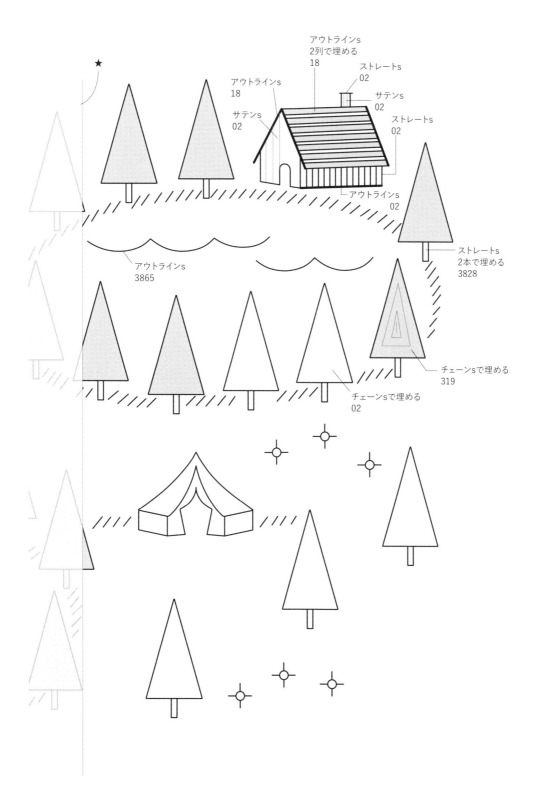

Alpine plants
高山植物 > p.10

実物大図案

- 糸：DMC25番刺繍糸、指定以外は3本どり
  …BLANC、319、726、899、913
- 太線 ── はアウトラインs（3）・319
- フレンチノットsは2回巻き
- 布：リネン無地タンブラー（1 きなり）

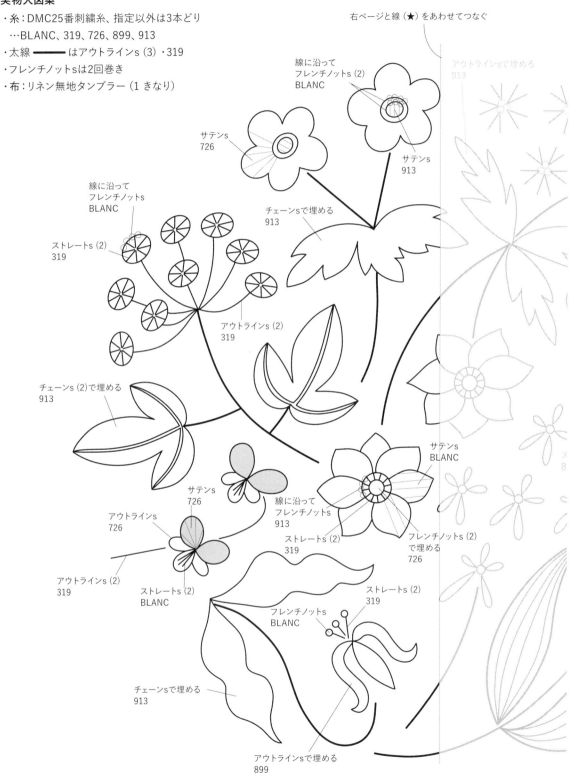

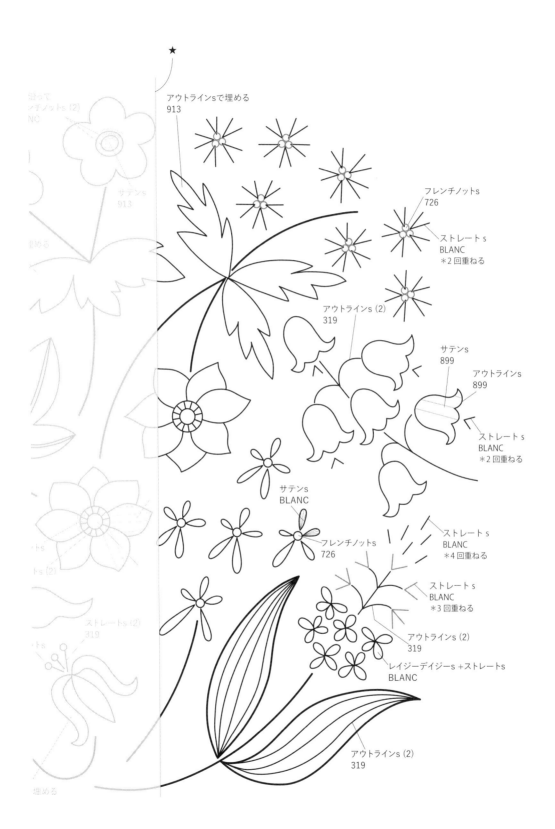

Cottage in the woods

森の家 > p.12

図案（125%に拡大して使用）

・糸：DMC25番刺繍糸、指定以外は2本どり
 …ECRU、809、993、3045
・布：カラーリネン（U ビリヤード）

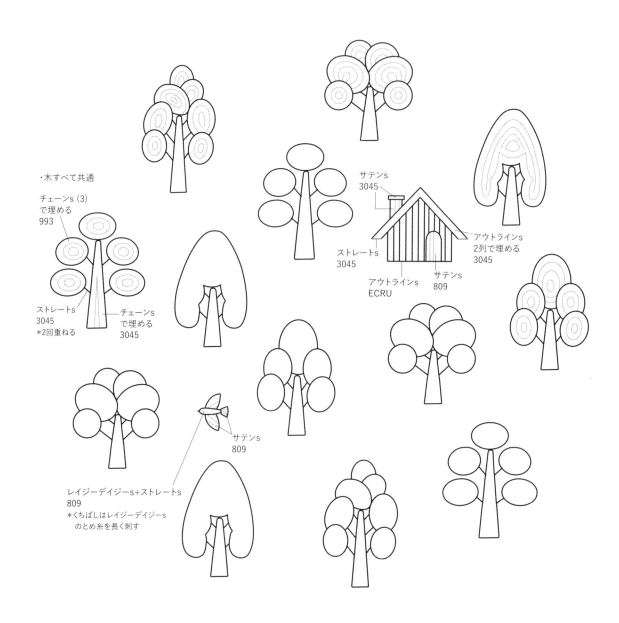

Bouquet from the garden
ガーデンブーケ > p.14

実物大図案・型紙

・糸：DMC25番刺繍糸、基本はp.15・[ ]内は
　p.14がまぐちポーチ、指定以外は3本どり
　…BLANC、18、722、907、992
　　[BLANC、210、320、726、3766]

・太線 ──── はアウトラインs（3）・992［320］
・フレンチノットsは2回巻き
・布：カラーリネン（p.15_115 ブルー・ミスト、
　p.14_116 ピーチ・ブラッサム）

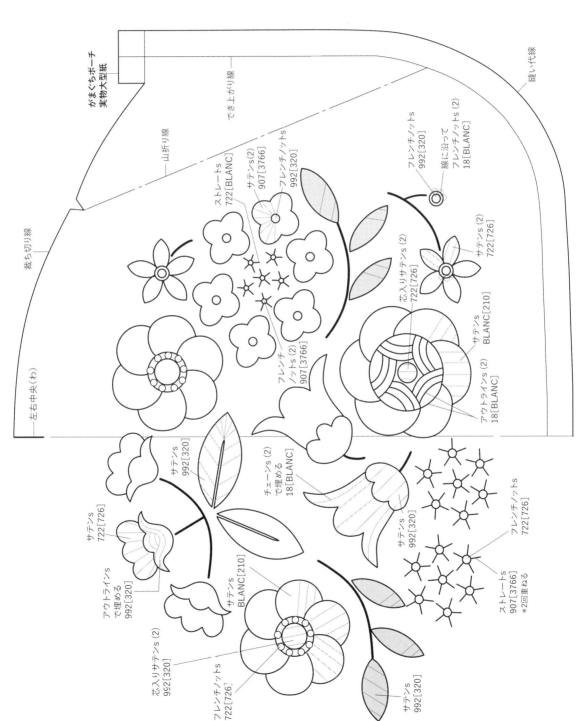

59

Flower patchwork
お花のパッチワーク > p.24

実物大図案・型紙

- 糸：DMC25番刺繍糸、
  基本はp.24・[ ]内はp.25ペンケース、指定以外は2本どり
  …03、352、993、3831 [168、500、922、3865]
- 茎はアウトラインs（2）・993 [3865]
- フレンチノットsは2回巻き
- 布：カラーリネン（p.24_117 ミルク・ホワイト、
  p.25_X ピスタチオ）

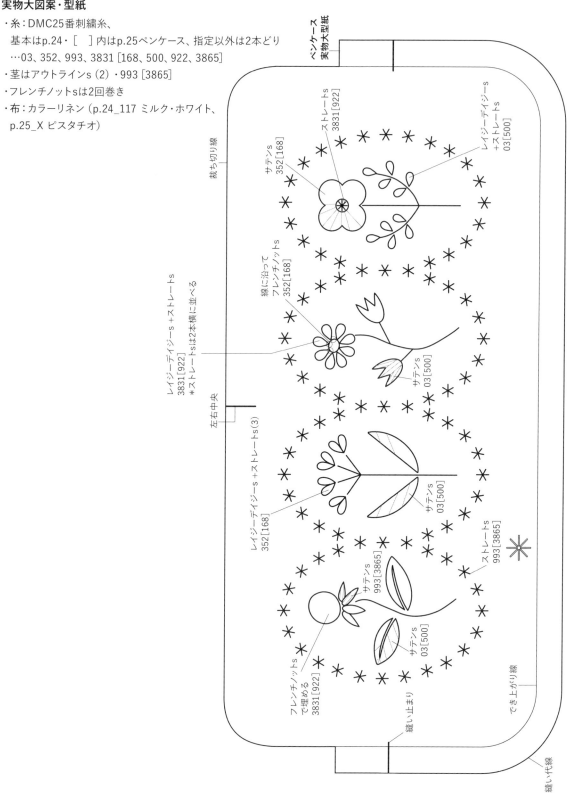

ペンケース > p.25

材料

リネン地
　表布（カラーリネン_ X ピスタチオ）…25×25cm
　裏布（カラーリネン_118 アクエリアス）…25×25cm
接着キルト綿・薄手…20×20cm
幅18×4.5cmの角丸型口金（F25・ATS／角田商店）
紙ひも・15号…適量
DMC25番刺繍糸…p.60図案ページ参照

作り方

1 表布に図案と型紙を写し、刺繍をする。
≫刺し方はp.60参照

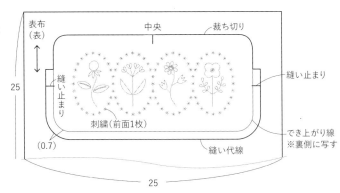

2 表布、裏布、接着キルト綿を裁つ。

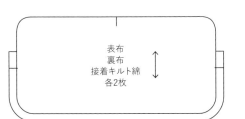

3 表布の裏側に接着キルト綿を貼る。

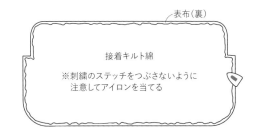

4 表布2枚を中表に合わせて縫い、表に返す。

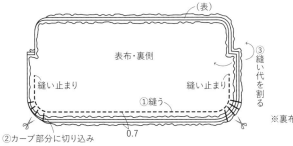

※裏布も同様に縫う

5 表袋に裏袋を外表に合わせて入れ、
あき口を縫う。

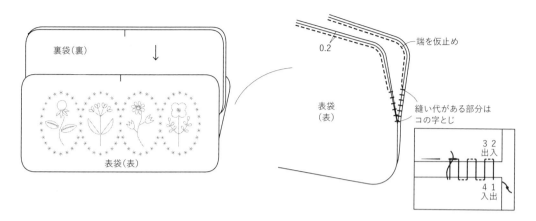

6 口金をつける。

①紙ひもを口金の直線部分の長さに合わせてカット。

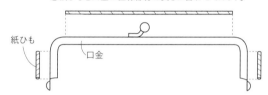

②紙ひもを広げてほぐし、再び巻き直して軽く撚る。

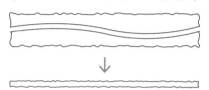

③口金の溝にボンドを塗る。

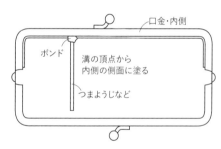

④溝に5の本体を差し込み、紙ひもを押し込む。

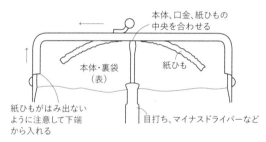

⑤ボンドが乾いたら口金の端をペンチでしめる。

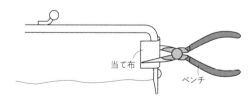

※反対側も同様に口金をつける

でき上がり図

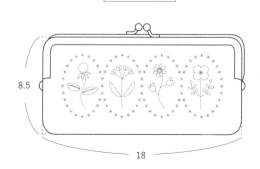

がまぐちポーチ > p.14

材料
リネン地
　表布（カラーリネン_116 ピーチ・ブラッサム）…30×40cm
　裏布（カラーリネン_120 ココアブラウン）…30×40cm
接着キルト綿・薄手…25×35cm
幅15×7cmのくし型口金（F10・ATS／角田商店）
紙ひも・15号…適量
DMC25番刺繍糸…p.59図案ページを参照

作り方

1 表布に図案と型紙を写し、刺繍をする。
≫刺し方はp.59参照

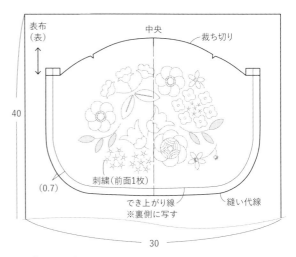

2 表布、裏布、接着キルト綿を裁つ(p.61-2参照)。

3 表布の裏側に接着キルト綿を貼る(p.61-3参照)。

4 表袋を作る。

①表布2枚を中表に合わせて縫う。

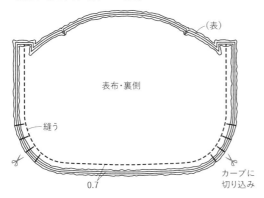

②縫い代を割る。

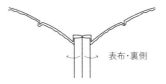

③あき口の縫い代を折る。

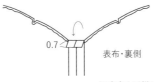

※裏布も同様に縫う

5 表袋に裏袋を外表に合わせて入れ、あき口を縫う(p.62-5参照)。

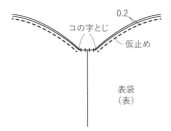

6 本体に折り目をつけて形を整え、口金をつける(p.62-6②～⑤参照)。

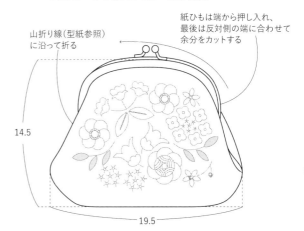

Edelweiss
ウスユキソウ > p.16

実物大図案

- 糸：DMC25番刺繍糸、指定以外は2本どり
  …17、561、913、3865
- フレンチノットsは2回巻き
- 布：カラーリネン（115 ブルー・ミスト）

雷鳥とハイマツ > p.18

Ptarmigans with Dwarf Siberian pine

実物大図案

- 糸：DMC25番刺繍糸、指定以外は2本どり
  …BLANC、349、434、838、895
- 太線 ——— はチェーンs（2）・895
- フレンチノットsは2回巻き
- 布：カラーリネン（118 アクエリアス）

Broach from mountain

山にまつわるブローチ > p.20

実物大図案
- 糸：DMC25番刺繍糸、指定以外は2本どり
- フレンチノットsは2回巻き

ハクサンイチゲ
25番糸…BLANC、17、561、563

線に沿って
フレンチノットs
17

サテンs
BLANC

サテンs
563

アウトラインs
で埋める
561(1)+563(1)

ストレートs
BLANC

型紙
でき上がり線

アウトラインs
561

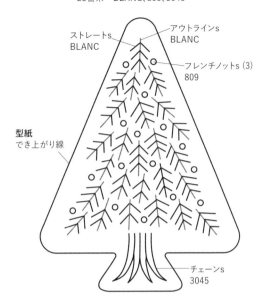

ウィンターツリー
25番糸…BLANC、809、3045

ストレートs
BLANC

アウトラインs
BLANC

フレンチノットs (3)
809

型紙
でき上がり線

チェーンs
3045

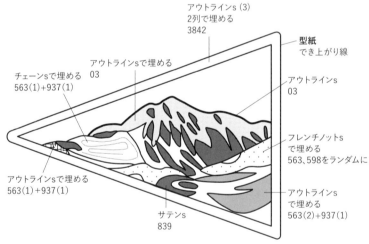

山ペナント
25番糸…03、563、598、839、937、3842

アウトラインs (3)
2列で埋める
3842

型紙
でき上がり線

チェーンsで埋める
563(1)+937(1)

アウトラインsで埋める
03

アウトラインs
03

フレンチノットs
で埋める
563、598をランダムに

アウトラインs
で埋める
563(1)+937(1)

サテンs
839

アウトラインs
で埋める
563(2)+937(1)

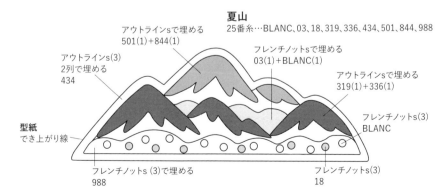

夏山
25番糸…BLANC、03、18、319、336、434、501、844、988

アウトラインsで埋める
501(1)+844(1)

フレンチノットsで埋める
03(1)+BLANC(1)

アウトラインs(3)
2列で埋める
434

アウトラインsで埋める
319(1)+336(1)

フレンチノットs(3)
BLANC

型紙
でき上がり線

フレンチノットs (3)で埋める
988

フレンチノットs(3)
18

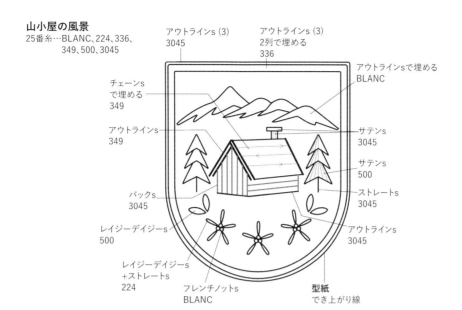

山小屋の風景
25番糸…BLANC、224、336、349、500、3045

- アウトラインs（3） 3045
- アウトラインs（3） 2列で埋める 336
- アウトラインsで埋める BLANC
- チェーンsで埋める 349
- アウトラインs 349
- サテンs 3045
- サテンs 500
- バックs 3045
- ストレートs 3045
- レイジーデイジーs 500
- レイジーデイジーs＋ストレートs 224
- フレンチノットs BLANC
- アウトラインs 3045
- 型紙 でき上がり線

材料 ＊A＝キルト綿・薄手、厚紙、厚さ2mmのフェルト（好みの色）

ハクサンイチゲ
リネン地（カラーリネン_119 ローズダスト）…15×15cm
A＊…各5×6cm

山ペナント
リネン地（カラーリネン_117 ミルク・ホワイト）…15×15cm
A＊…各8×6cm

山小屋の風景
リネン地（カラーリネン_107 ローモンド・ブルー）…15×15cm
A＊…各5×6cm

ウィンターツリー
リネン地（カラーリネン_102 インディゴ・ネイビー）…15×15cm
A＊…各6×8cm

夏山
リネン地（カラーリネン_120 ココアブラウン）…15×10cm
A＊…各9×3cm

共通
ブローチピン
DMC25番刺繍糸…p.66、67 図案を参照

作り方

1 リネン地に図案を写し、刺繍をする。
≫刺し方は図案を参照

2 キルト綿、厚紙、フェルトはでき上がり線で、リネン地は折り代をつけて裁つ。

3 リネン地の裏側にキルト綿と厚紙を順に重ね、布端をボンドで貼る。

4 フェルトにブローチピンをつける。

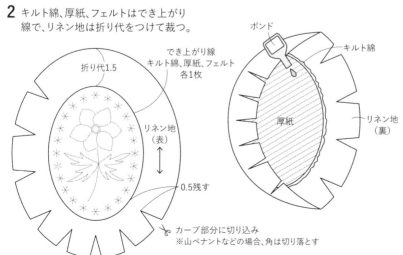

折り代1.5
でき上がり線 キルト綿、厚紙、フェルト 各1枚
リネン地（表）
0.5残す
カーブ部分に切り込み
※山ペナントなどの場合、角は切り落とす
ボンド
キルト綿
厚紙
リネン地（裏）

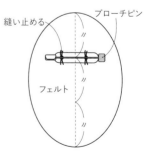

縫い止める
ブローチピン
フェルト

5 3の裏側に4をボンドで貼り合わせる。

でき上がり寸法

ハクサンイチゲ：4.4×6cm
山ペナント：7.5×5.5cm
山小屋の風景：5×5.8cm
ウィンターツリー：5.5×7.2cm
夏山：8.2×3cm

Herbs wreath
ハーブのリース > p.22

実物大図案

- 糸：DMC25番刺繍糸、指定以外は2本どり
  …BLANC、210、561、973、988、3849
- 太線 ━━ はアウトラインs（2）・561
- フレンチノットsは2回巻き
- 布：カラーリネン（115 ブルー・ミスト）

ミニバッグ > p.22

材料

リネン地
　表布（カラーリネン_115 ブルー・ミスト）…30×60cm
　裏布（カラーリネン_118 アクエリアス）…22×51.5cm
　持ち手（カラーリネン_115 ブルー・ミスト）…4×34cmを2枚
接着芯…2×34を2枚
DMC25番刺繍糸…p.68図案ページ参照

作り方

1. 表布に図案を写して刺繍をし、裁つ。
≫刺し方はp.68参照

2. 持ち手を作る。
①裏側に接着芯を貼る　②四つ折りにして縫う

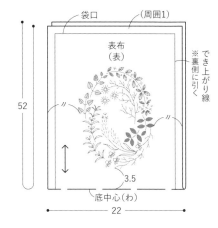

3. 表布に持ち手を仮止めし、裏布を中表に合わせて袋口を縫う。

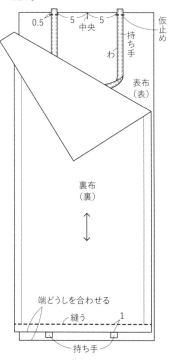

4. 表布どうし、裏布どうしが中表になるように折り、返し口を残して脇を縫う。

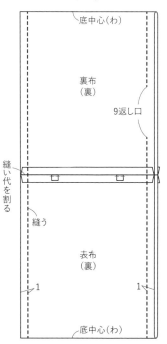

5. 表に返して返し口をコの字とじ（p.62-5参照）でとじ、袋口を縫う。

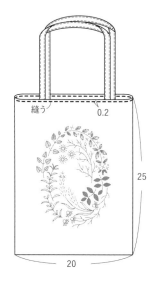

Birds and autumn fruit

鳥と秋の実 > p.26

図案 （125%に拡大して使用）

- 糸：DMC25番刺繍糸、指定以外は2本どり
  …221、336、561、598、921、3031、3865
- 太線 ——— はアウトラインs（2）・3031
- フレンチノットsは2回巻き
- 布：カラーリネン（120 ココアブラウン）

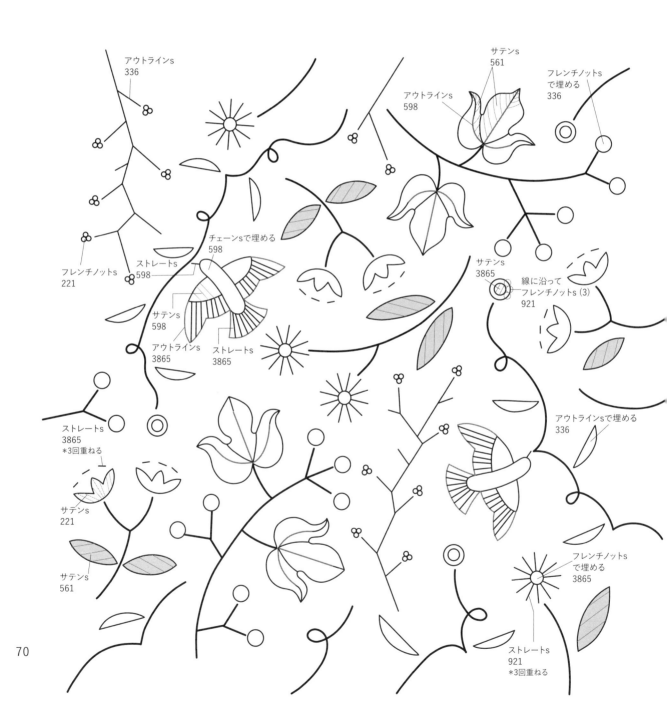

collecting early summer
初夏を集めて > p.28

図案 （125%に拡大して使用）

- 糸：DMC25番刺繍糸、すべて2本どり
  …913、988、3848
- 太線 ——— はアウトラインs（2）・3848
- フレンチノットsは2回巻き
- 布：カラーリネン（117 ミルク・ホワイト）

Mountain and flowers
山の稜線と花畑 > p.32

実物大図案

・糸：DMC25番刺繍糸、指定以外は2本どり
　…BLANC、ECRU、18、155、210、319、320、336、434、471、729、772、910、917、970、972、3031、3346、3354
・「稜線」の指定は右ページ参照
・太線 ——— はアウトラインs（2）・3346
・フレンチノットsは2回巻き
・布：カラーリネン（115 ブルー・ミスト）

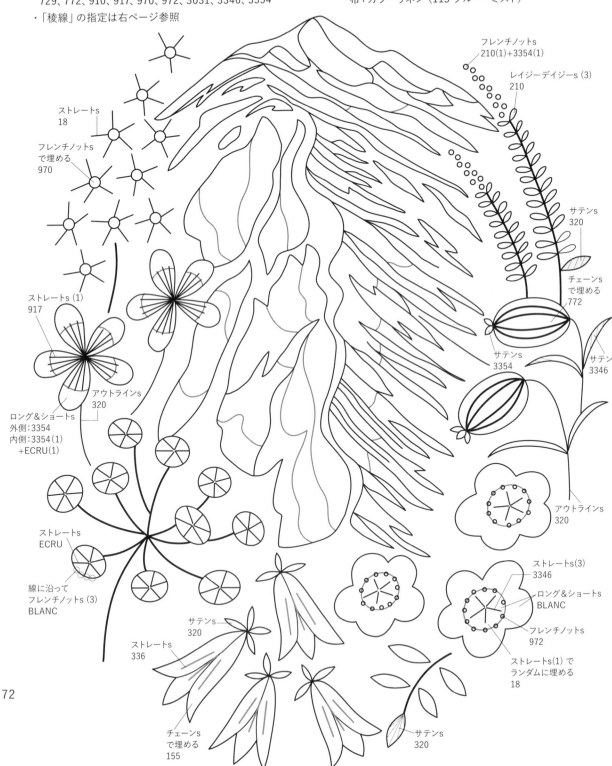

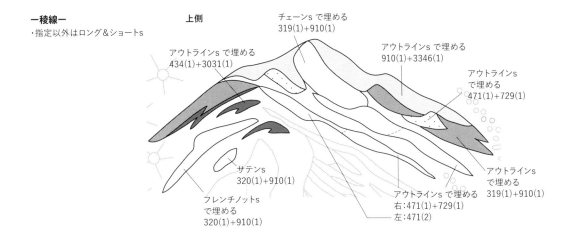
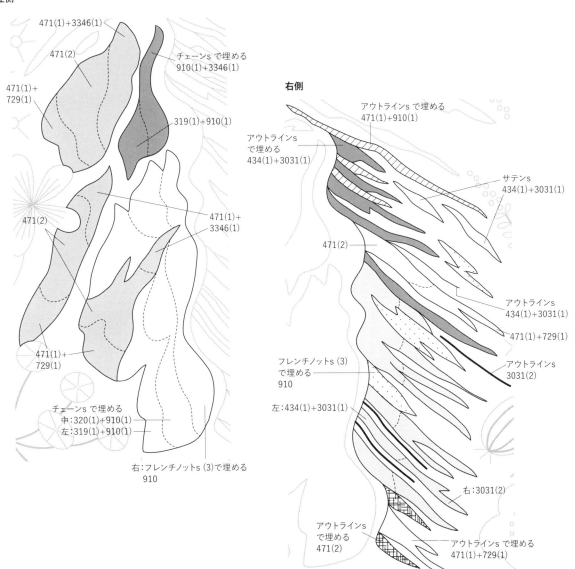

Little flowers
リトルフラワー > p.34

実物大図案
- 糸：DMC25番刺繡糸
  …BLANC、210、500、726、894
- 太線 ——— はアウトラインs (2)・500
- フレンチノットsは2回巻き
- 布：カラーリネン（X ピスタチオ）

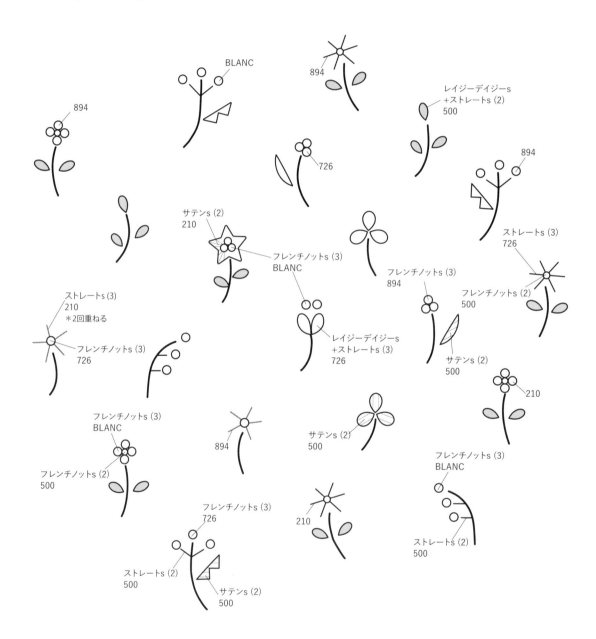

パネルの仕立て方

刺繍枠 > p.34

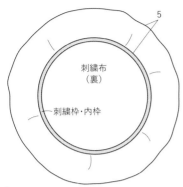

1 刺繍した布を刺繍枠にはめて余分をカットする。

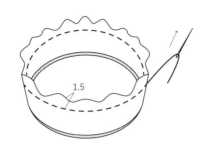

2 布端をぐし縫いして引き絞る。

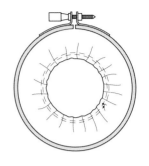

3 ひだをすくってもう1周縫って絞り、形を整えて玉どめをする。

木製パネル 四角 > p.40

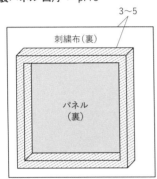

1 刺繍した布の裏側にパネルを当てて余分をカットする。
※布が薄い色の場合はパネルの表面に白い紙を貼る。

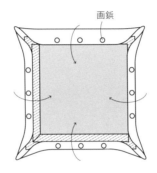

2 布目がゆがまないように注意しながら、上下左右を引っ張って画鋲でとめる。

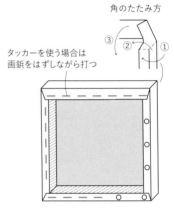

3 角を折りたたみ、画鋲でとめる。

張りキャンバス 楕円、円 > p.33、39、46

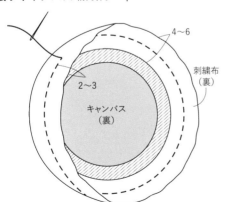

1 刺繍した布の裏側にキャンバスを当てて余分をカットし、布端をぐし縫いして引き絞る。

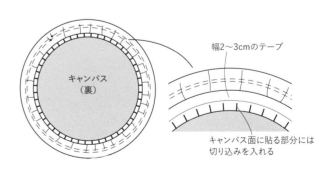

2 ひだをすくってもう1周縫って絞り、布端を枠の内側にテープで貼る。

Wild animals
山の中の動物たち > p.35

実物大図案

・糸：DMC25番刺繍糸、すべて2本どり
　…319、434、712
・指定以外、フレンチノットsは1回巻き
・布：カラーリネン（X ピスタチオ）

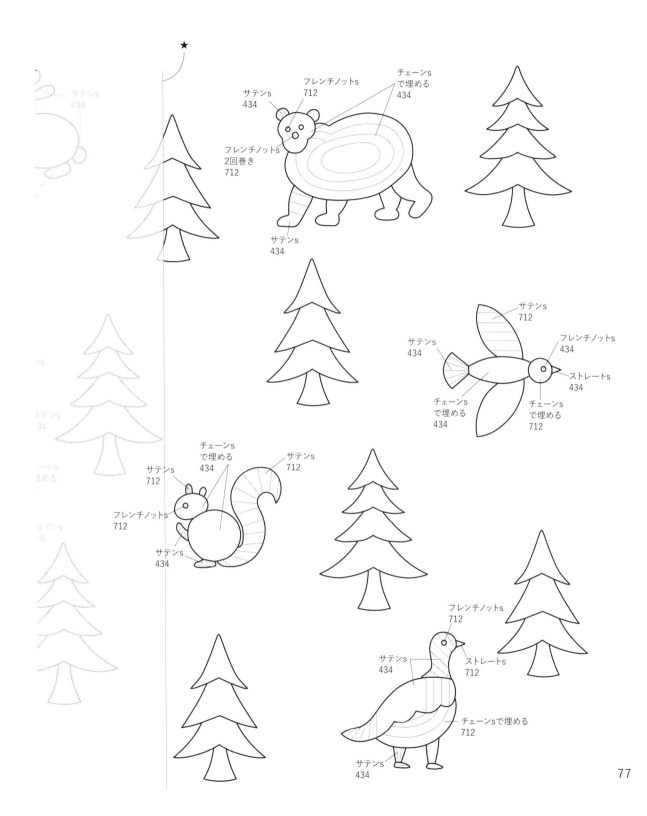

Snowy mountains
雪山 > p.36

実物大図案

・糸：DMC25番刺繍糸
　…BLANC (2)
・布：カラーリネン
　（118 アクエリアス）

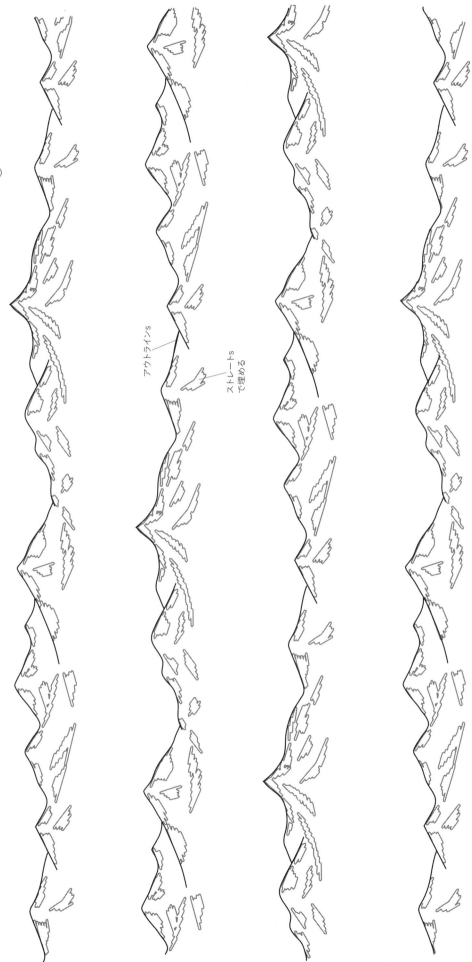

Snowy forest
雪の降る森 > p.37

実物大図案

・糸：DMC25番刺繍糸…BLANC（2）
・フレンチノットsは2回巻き
・布：カラーリネン（102 インディゴ・ネイビー）

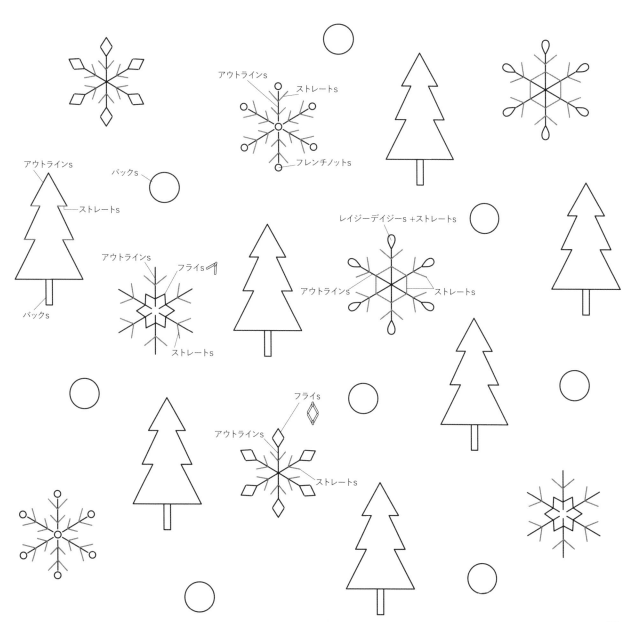

81

Summer garden
夏の庭 > p.40

実物大図案

- 糸：DMC25番刺繍糸、指定以外は2本どり
   …16、158、501、554、563、726、3840
- 太線 ——— はアウトラインs（2）・501
- フレンチノットsは2回巻き
- 布：リネン無地タンブラー（2 オフ）

Walking with squirrels and birds
リスと鳥のおでかけ > p.42

実物大図案

- 糸：DMC25番刺繍糸、基本はp.43・[ ]内は
  p.42ブックカバー、指定以外は2本どり
  …158、729、3031　[168、224、471]
- フレンチノットsは2回巻き
- 布：カラーリネン（p.43_119 ローズダスト、
  p.42_101 インディゴ・ブルー）

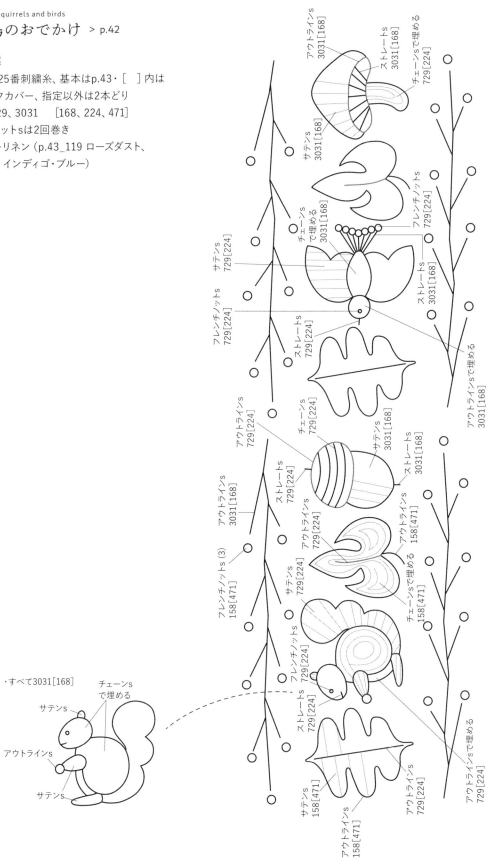

ブックカバー > p.42

材料

リネン地
　表布（カラーリネン_101 インディゴ・ブルー）…50×25cm
　裏布（カラーリネン_118 アクエリアス）…34×18.5cm
接着芯…34×18.5cm
幅1.2cmのグログランリボン（ネイビー）…18.5cm
DMC25番刺繍糸…p.84図案ページ参照

寸法図

※裏布、接着芯の向きに注意する。

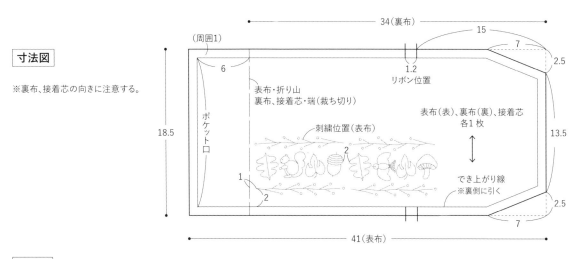

作り方

1　表布に図案を写して刺繍をする。
　≫刺し方はp.84参照

2　表布のポケット口を三つ折りにして縫う。

3　表布のポケットを折り、リボンを仮止めする。

4　裏布の裏側に接着芯を貼り、ポケット口側に
　ジグザグミシンをかける。

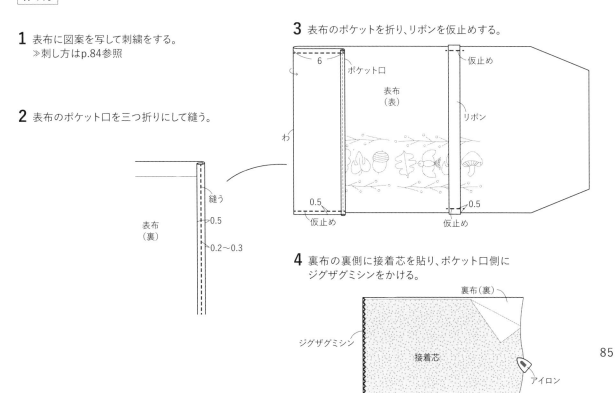

Small logo from mountain
山にまつわるワンポイント > p.44

実物大図案
・糸：DMC25番刺繍糸、指定以外は2本どり
・フレンチノットsは2回巻き
・布：リネン無地タンブラー（2オフ）

5 表布と裏布を中表に合わせ、返し口を残して周囲を縫う。

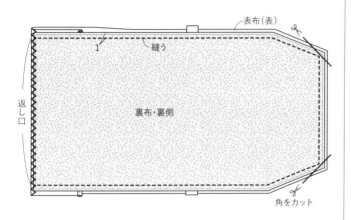

6 表に返して形を整える。

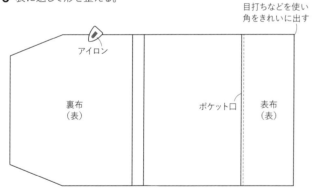

でき上がり図

使い方
本の表紙をリボンに通し、表紙とリボンの間にフラップを差し込む。

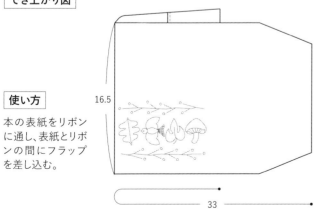

自転車
25番糸…310、807

・指定以外310

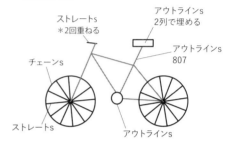

クッキー
25番糸…839、3828

登山靴
25番糸…22、838

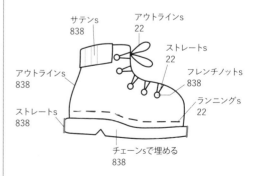

86

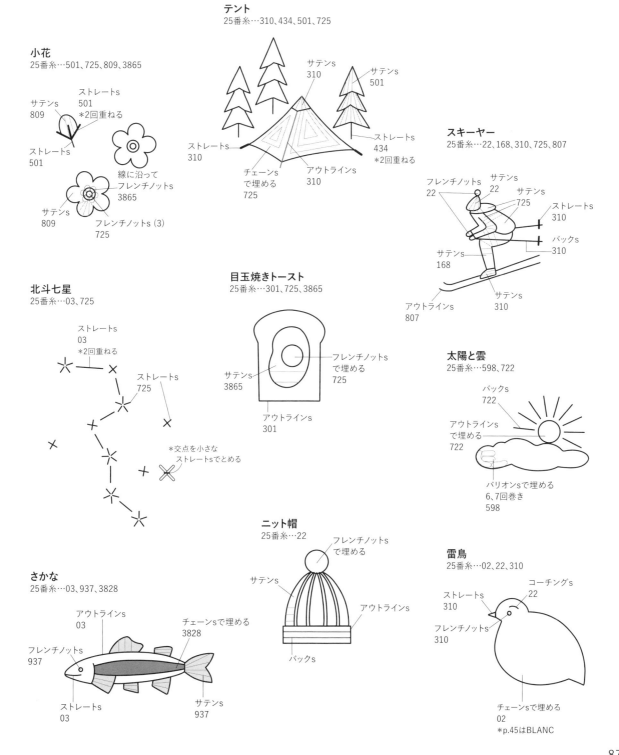

真田 緑　MIDORI SANADA

1986年生まれ。多摩美術大学生産デザイン学科テキスタイルデザイン専攻卒業後、アパレルブランドでテキスタイルデザイナーとして6年間勤務し、パリコレクションなどのクリエイティブに携わる。2013年退職後に、1年間デンマークへ留学して北欧デザインを学び、帰国後の2014年10月より本格的に自身のブランドH/A/R/V/E/S/Tを始める。またフリーランスデザイナーとして、アパレルブランドや企業へのテキスタイル・グラフィックデザインの仕事も行う。

https://www.midorisanada.com

アートディレクション	天野美保子
撮影	白井由香里
スタイリング	鈴木亜希子
トレース	八文字則子
原稿整理	鈴木さかえ
刺繍&小物制作協力	下長根朗子
編集・進行	小野奈央子
編集担当	代田泰子　秋山さやか

用具提供
クロバー株式会社
https://clover.co.jp

刺繍糸、刺繍枠(p.34) 提供
ディー・エム・シー株式会社
https://www.dmc.com

生地提供
fabric bird（中商事株式会社）
https://www.rakuten.ne.jp/fabricbird/

口金提供
株式会社角田商店
http://www.towanny.com

撮影協力
AWABEES
Tel.03-6434-5635

参考文献
『がまぐちの型紙の本』越膳夕香 著/小社刊

あなたに感謝しております　We are grateful.

手づくりの大好きなあなたが、
この本をお選びくださいましてありがとうございます。
内容はいかがでしたでしょうか？
本書が少しでもお役に立てば、こんなにうれしいことはありません。
日本ヴォーグ社では、手づくりを愛する方とのおつき合いを大切にし、
ご要望におこたえする商品、サービスの実現を常に目標としています。
小社及び出版物について、何かお気づきの点やご意見がございましたら、
何なりとお申し出ください。
そういうあなたに、私共は常に感謝しております。

株式会社日本ヴォーグ社 社長　瀬戸信昭
FAX 03-3383-0602

山と植物の刺繍

発行日　2025年4月12日
著　者　真田緑
発行人　瀬戸信昭
編集人　佐伯瑞代
発行所　株式会社 日本ヴォーグ社
　〒164-8705　東京都中野区弥生町5-6-11
　TEL 03-3383-0644（編集）
出版受注センター　TEL 03-3383-0650　FAX 03-3383-0680
印刷所　株式会社シナノ

Printed in Japan　©Midori Sanada 2025
ISBN978-4-529-06447-7

JCOPY <（社）出版者著作権管理機構 委託販売物>
本書(誌)の無断複製は著作権法上での例外を除き禁じられています。複製される場合は、そのつど事前に、出版者著作権管理機構（Tel. 03-5244-5088, Fax.03-5244-5089、E-mail: info@jcopy.or.jp）の許諾を得てください。

万一、乱丁本、落丁本がありましたら、お取り替えいたします。
お買い求めの書店か、小社出版受注センターへお申し出ください。

手づくりに関する情報を発信中
日本ヴォーグ社 公式サイト

ショッピングを楽しむ
手づくりタウン

ハンドメイドのオンラインレッスン

初回送料無料のお得なクーポンが使えます！詳しくはWebへ

日本ヴォーグ社の通信講座